Inhalt

Corporate Volunteering - Mitarbeiterentwicklung mit Gewinn für die Gesellschaft

Kernthesen

Beitrag

Fallbeispiele

Weiterführende Literatur

Impressum

GENIOS WirtschaftsWissen Nr. 01/2006 vom 16.01.2006

Corporate Volunteering - Mitarbeiterentwicklung mit Gewinn für die Gesellschaft

I.Zeilhofer-Ficker

Kernthesen

- Unter Corporate Volunteering versteht man den freiwilligen Einsatz von Mitarbeitern eines Unternehmens für gemeinnützige Zwecke in und außerhalb der Arbeitszeit.
- Mehr und mehr Firmen erkennen, dass die Entsendung von Mitarbeitern zu gemeinnützigen Projekten eine wirksame Methode der Mitarbeiterentwicklung sein

kann.
- Neben Teamfähigkeiten werden vor allem die sozialen Kompetenzen von Mitarbeitern gestärkt.
- Die Teilnehmer von Corporate Volunteering Programmen sind wesentlich höher motiviert und die Arbeitsleistung steigt in nicht unbeträchtlichem Ausmaß.

Beitrag

Das Fehlen sozialer Kompetenzen wird heutzutage oft lautstark beklagt. Die Entsendung von Mitarbeitern zu gemeinnützigen Einrichtungen auf Zeit kann hier oft mehr bewirken als jedes noch so gute Trainingsprogramm.

Soziale Verantwortung von Unternehmen hat eine lange Tradition

Die Entwicklungen der vergangenen Jahre haben die Erinnerungen in den Hintergrund gedrängt, dass es in Deutschland eine lange Tradition der sozialen Verantwortung von Unternehmen gibt. Man denke nur an die hanseatischen Kaufleute und die vielen Familienunternehmer des 19. Jahrhunderts, die es sich zur selbstverständlichen Pflicht machten, für das Wohlergehen ihrer Arbeiter und Angestellten zu sorgen, aber auch aktiv für das Gemeinwohl zu arbeiten. Man war Mitglied im Kirchenvorstand, übernahm Schirmherrschaften für die verschiedensten Wohltätigkeitsveranstaltungen und stiftete ein Teil seines Vermögens für kulturelle oder gemeinnützige Zwecke. [(1)](), [(2)]()

In den Vereinigten Staaten, wo die staatliche Fürsorge traditionell bei weitem nicht so ausgeprägt ist wie bei uns, ist es immer noch obligatorisch für ein Unternehmen, ein guter Citizen, also ein guter Bürger zu sein. Ein wichtiger Teil der Corporate Citizenship ist das Corporate Volunteering, das heißt, die freiwillige Mitarbeit an gemeinnützigen Projekten und Aufgaben in und außerhalb der Arbeitszeit. [(1)](), [(3)]()

Für viele kleine Handwerksbetriebe oder Familienunternehmen ist es auch heute noch gang und gäbe, bei der Renovierung des örtlichen Kindergartens mit Hand anzulegen oder beim Bau des neuen Vereinsheims für den Fußballclub zu helfen, wenn die Gemeindekassen wieder einmal leer sind. [(4)](), [(5)]()

Tatsächlich stieg der Anteil der Bevölkerung, der sich ehrenamtlich engagiert, in den letzten Jahren kontinuierlich an. Viele Menschen haben das Bedürfnis, die Gesellschaft und das Umfeld in dem sie leben, mitzugestalten und Verantwortung dafür zu übernehmen. (5)

Corporate Volunteering der neue Trend

In den letzten Jahren ist der Trend zum Corporate Volunteering über die Niederlassungen von amerikanischen Firmen auch in Europa angekommen. Freiwilligentage werden organisiert, Mitarbeiter für ehrenamtliche Tätigkeiten freigestellt oder gar über einen längeren Zeitraum mit einem Corporate Volunteering Projekt betraut. Die Möglichkeiten dabei sind vielfältig. Schulkinder erhalten PC-Trainings, für gemeinnützige Organisationen werden Business Pläne erstellt, Grundstücke werden bepflanzt und Gebäude werden errichtet. (1), (4), (6)

Einige Unternehmen unterstützen die ehrenamtlichen Tätigkeiten ihrer Mitarbeiter durch zusätzliche Spenden, bezahlte Freistellungen oder durch die Bereitstellung von Know-How. (1), (4)

Mittlerweile gibt es auch bei uns Agenturen, die Praktikantenplätze in sozialen Einrichtungen vermitteln. Diese Sozialpraktika helfen den entsprechenden Einrichtungen, den stetig herrschenden Personalmangel zu lindern - helfende Hände können immer gut gebraucht werden. Die Freiwilligen andererseits profitieren durch die Möglichkeit, den Blick in eine andere Welt zu werfen und das eigene Wertesystem auf den Prüfstand zu stellen. (6), (7)

Von Corporate Volunteering profitieren also alle: die Organisationen durch die tatkräftige Hilfe, die ihnen zuteil wird, die Mitarbeiter, die sich dadurch weiter entwickeln können, aber auch die Unternehmen, deren Ansehen in der Bevölkerung steigt und die auf motivierte und leistungsbereite Mitarbeiter zählen können. Zusätzlich wird die Kaufbereitschaft der Kunden erhöht - laut entsprechender Befragungen geben immerhin 30 Prozent der Konsumenten an, man würde eine Marke kaufen, weil der Hersteller Corporate Volunteering betreibt, weitere 21 Prozent können sich vorstellen, Produkte ebenfalls aus diesem Grund zu kaufen. (9)

Corporate Volunteering als Mittel

zur Mitarbeiterentwicklung

Immer wieder wird beklagt, dass es heutzutage vielen Menschen nicht an Fachwissen, aber an sozialer Kompetenz und Teamfähigkeit mangele. Vor allem Führungskräfte sollten über ein hohes Maß an Einfühlungsvermögen, Gesprächskompetenz, Motivationsfähigkeit und Problemlösungskompetenz verfügen. Im Fachstudium werden diese Fähigkeiten allerdings kaum gelehrt und gerade jungen Talenten fehlt es schlicht an Lebenserfahrung. Ältere Mitarbeiter dagegen sind häufig so in der täglichen Tretmühle gefangen, dass der Blick für das Wesentliche verloren gegangen ist. (4), (6), (7), (8), (10)

Das Engagement dieser Mitarbeiter in einem Volunteering Projekt kann wesentliche Verbesserungen bringen. Die Mitarbeit in einer Suchthilfe, einem Krankenhaus oder Altenheim, einer Obdachlosenhilfsorganisation oder sogar bei Hilfsorganisationen in Entwicklungsländern bleibt selten ohne nachhaltige Wirkung. Man ist eher bereit, den Mitarbeiter als Persönlichkeit wahrzunehmen, lernt geduldig zuzuhören, zu improvisieren, unter widrigsten Umständen zurecht zu kommen, man setzt sich mit seinen Unzulänglichkeiten, Ängsten und Vorurteilen auseinander und schärft den Blick fürs Wesentliche. (6), (7), (8)

Als Teambildungsmaßnahme haben sich Aktionen als sehr erfolgreich herausgestellt, bei denen das Resultat zum Abschluss tatsächlich sicht- und greifbar ist. Die gemeinsame Renovierung oder gar der Neubau eines Gebäudes hinterlässt bei allen Beteiligten das Gefühl, wirklich etwas geschaffen zu haben. Jeder findet seine Aufgabe und die Kollegen erkennen, dass jeder einen wichtigen Platz ausfüllt. Diese Freiwilligen-Aktionen stärken das Zusammengehörigkeitsgefühl ungemein und wecken den Teamgeist der Teilnehmer. (6)

Tatsache ist, dass Corporate Volunteering Projekte einen weitaus größeren Lerneffekt erzielen, als vergleichbare Seminare oder Trainingsprogramme, oft sogar zu wesentlich geringeren Kosten. Zusätzlich dürfte für Corporate Volunteering sprechen, dass die teilnehmenden Mitarbeiter wesentlich motivierter an ihren Arbeitsplatz zurückkehren und bis zu 30 Prozent mehr Leistung erbringen als vor dem Projekt. Außerdem sind die meisten Mitarbeiter stolz darauf, dass ihr Unternehmen etwas für die Gemeinschaft leistet und sie selbst Teil dieses Unternehmens sein dürfen. (2), (11), (12)

Fallbeispiele

Das Projekt Seitenwechsel kam von der Schweiz in die Bundesrepublik. Die Teilnehmer von Seitenwechsel arbeiten auf Zeit für soziale Organisationen wie Obdachlosenheime, Suchtkliniken, Sterbehospize und ähnliche Einrichtungen. Für die Projektleitung von Seitenwechsel sind die Sozialpraktika Persönlichkeitstrainings, weil die Teilnehmer in einem Bereich arbeiten, vor dem sie eigentlich Angst haben. Mehr als 300 Manager unter anderem der Firmen Airbus, Beiersdorf, Deutsche BP und Otto-Versand haben an der Aktion bereits teilgenommen. (6), (8), (10), (12), (14)

Die Direktbank ING-DiBA unterstützt das ehrenamtliche Engagement ihrer Mitarbeiter mit zusätzlichen Spenden für den entsprechenden Verein des Mitarbeiters. Außerdem werden freiwillige Einsatzkommandos gebildet, die an Wochenenden ehrenamtliche Bau-, Wiederherstellungs- oder Renovierungsarbeiten für soziale Einrichtungen durchführen. (1)

Ulysses heißt das Projekt von PricewaterhouseCoopers, das als Personalentwicklungsprogramm aufgestellt ist. Im Rahmen des Projektes werden Mitarbeiter für zwei Monate in Entwicklungsländer entsendet, um dort beispielsweise Schulprojekte, Anti-Landminen-

Aktionen, den Kampf gegen AIDS in Afrika oder die Betreuung von Straßenkindern zu unterstützen. Laut PwC wird durch das Projekt erfolgreich soziale Verantwortung mit Führungskräfteentwicklung verbunden. (6)

Alle zwei Jahre findet für die Mitarbeiter der Siemens Management Consulting (SMC) ein Freiwilligentag statt, an dem etwas Gemeinsames geschaffen wird. Ein Abenteuerspielplatz wurde bereits saniert, ein kompletter Hochseilgarten errichtet sowie der Ausbau eines Hauses für seelisch traumatisierte Kinder fertig gestellt. Auch bei der Lufthansa laufen regelmäßig ähnliche Aktionen zur Hilfe für soziale Einrichtungen und - als willkommener Nebeneffekt die Teambildung. (6), (12), (15)

Der Technologie- und Dienstleistungskonzern Generel Electric (GE) hat vor zwei Jahren eine Partnerschaft mit einem Frauenhaus in Köln begonnen. Die GE Mitarbeiter werden freigestellt, um Nachhilfestunden zu geben, PC-Trainings durchzuführen oder Räume zu renovieren. (16)

Weiterführende Literatur

(1) Gutes tun auf Firmenkosten
aus Frankfurter Allgemeine Zeitung, 24.12.2005, Nr.

300, S. 57

(2) Wie sozial können Unternehmen sein?
aus Manager Magazin, 22.07.2005, Nr. 8, Seite 86

(3) Glossar
aus Financial Times Deutschland vom 07.12.2005, Seite SA1

(4) Produktionsfaktor Herz
aus ProFirma, Vol. 8, Heft 12/2005, S. 14-20

(5) interview Freiwillige dürfen keine Lückenbüßer sein
aus Frankfurter Rundschau v. 20.08.2005, S.34

(6) Willkommen in der Wirklichkeit
aus Manager Magazin, 22.07.2005, Nr. 8, Seite 96

(7) Wie fühlt man sich eigentlich...
aus Handelsblatt Nr. 170 vom 02.09.05 Seite k01

(8) Petersen, Finja, Projekt „Seitenwechsel"
Sozialarbeit auf Zeit für Manager, Welt am Sonntag, Jg. 58, 06.03.2005, Nr. 10, S. HH4
aus Handelsblatt Nr. 170 vom 02.09.05 Seite k01

(9) Konkrete Hilfe ersetzt den Scheck Kasseler Unternehmensberatung will Arbeitgebern das äCorporate Volunteeringô schmackhaft machen
aus Frankfurter Rundschau v. 30.08.2005, S.32

(10) Siegloch, Sebastian, Im Dschungel des realen Lebens, Spiegel Online, 30.09.2005

aus Frankfurter Rundschau v. 30.08.2005, S.32

(11) INTERVIEW - "Verdienen und Verdienste erwerben"
aus ProFirma, Vol. 8, Heft 12/2005, S. 22-26

(12) Sozialarbeit statt Seminargeschwafel Dass Manager ein Sozialpraktikum in einem Hospiz, einer Bahnhofsmission oder Drogenberatung machen, ist keine Ausnahme mehr. Corporate Volunteering hat Konjunktur - nicht aus Nächstenliebe, sondern als Weiterbildungsmaßnahme.
aus Financial Times Deutschland vom 07.12.2005, Seite SA6

(13) "Für jeden etwas" ist unprofessionell Durchdachtes und gezieltes Engagement gilt mehr als das Gießkannenprinzip
aus Financial Times Deutschland vom 07.12.2005, Seite SA8

(14) "Wir wollen den Dominoeffekt"
aus Handelsblatt Nr. 020 vom 28.01.05 Seite k04

(15) "Ein Pro im Lebenslauf"
aus Manager Magazin, 22.07.2005, Nr. 8, Seite 100

(16) Süsser, Ulrike, Einsatz lohnt für beide Seiten, Kölner Stadtanzeiger, 28.04.2005
aus Manager Magazin, 22.07.2005, Nr. 8, Seite 100

Impressum

Corporate Volunteering - Mitarbeiterentwicklung mit Gewinn für die Gesellschaft

Bibliografische Information der deutschen Nationalbibliothek

Die Deutsche Nationalbibliothek verzeichnet diese Publikation in der deutschen Nationalbibliografie; detaillierte bibliografische Daten sind im Internet über http://dnb.d-nb.de abrufbar.

ISBN: 978-3-7379-0899-3

© 2015 GBI-Genios Deutsche Wirtschaftsdatenbank GmbH, Freischützstraße 96, 81927 München, www.genios.de

Alle Rechte vorbehalten. Dieses Werk ist einschließlich aller seiner Teile – z.B. Texte, Tabellen und Grafiken - urheberrechtlich geschützt. Jede Verwertung außerhalb der Grenzen des Urheberrechtsgesetzes bedarf der vorherigen Zustimmung des Verlags. Dies gilt insbesondere auch für auszugsweise Nachdrucke, fotomechanische

Vervielfältigungen (Fotokopie/Mikroskopie), Übersetzungen, Auswertungen durch Datenbanken oder ähnliche Einrichtungen und die Einspeicherung und Verarbeitung in elektronischen Systemen.